はじめに

ＹｏｕＴｕｂｅで見かけた信田さんは、かわいらしい洋服を身に纏《まと》い、日差しを浴びながらテラスでくるくると回っていました。まるで少女のような無邪気さを残した信田さんに会ってみたくなり、秋に尋ねました。

信田さんが暮らすのは栃木県の益子町。陶芸の町として知られた場所で、信田さんは陶芸家の元奥さまです。ご自宅は緑に囲まれ、庭先には里山の風景が広がっています。

どこか懐かしさの漂う家は、和モダンな雰囲気。そこに、古道具屋で見つけた家具や外国のヴィンテージ椅子などが置かれ、温かみを加えています。大きな窓から見える景色と開放感が素晴らしく、「カーテンをつけなかった」というのも納得です。

はじめに

信田さんはこの家で子どもを育て、55歳でカフェを始めます。「ごはん屋ギャラリー『猫車』」という名前で、器と料理、景色が評判の人気店でした。69歳のときに体調を崩したのがきっかけで閉店し、今は愛猫のネルちゃんと、ひとりと一匹暮らし。

「静かでしょ？　ここでコーヒーを飲みながら読書を楽しみ、鳥の声に誘われてふと庭を眺めると、昨日とは違う庭の変化に気づいて心が躍ります。そんな静けさを存分に味わえることに、幸せを感じるんです。子育てや仕事でずっと突っ走ってきたので、この歳になってこんな時間を持てるなんて思わなかった」

ひとり暮らしを始めてからは、自分にとっての〝心地よさ〟がすべての基準。たとえば食事はいくら体によいものでも、「おいしそう！」と思わなければ無理して食べません。自分でつくる服も〝着心地〟をいちばんに考えます。

食べること、着ること、そして暮らすこと。信田さんの〝心地よさ〟を見つける秘訣をご紹介します。

目次

第1章 「家時間」を心地よく

「ごはん屋ギャラリー『猫車』」は居心地のよさが評判のカフェで、わが家のようにくつろぐお客さんが多かったそう。そこで、インテリアや片づけなど部屋づくりの工夫についてお聞きしました。あわせて、家で心地よく過ごすための時間の使い方についても取材。

好きなものを部屋の情景にする

70代になると、終活の一環でものを整理する人が増えてきます。なかには〝使わないから〟という理由で、好きなものを泣く泣く手放す人も……。

信田さんにその話をすると、「捨てるようなものをなぜ買うの?」と一刀両断。ちょっとかわいいものを手が届くからと買うのではなく、本当に好きなものを少し頑張って買う。そういうものはずっと好きで、大切にするもの。「**私が持っているものは、好きか必要のどちらか。捨てるものはありません**」

家にある家具や服は、自分の眼鏡にかなった好きなものばかり。きれいな空き箱やクッキー缶、使い終えたカレンダーや包装紙などなど……も捨てません。〝カタチ〟が好きな数字や文字まで、おとりおきの対象です。好きな入れ物に〝好き〟な紙片をたくさん集めたら、今度は「何に使おうかな」と贅沢な悩みを楽しみます。「リサイクル？　いえ、好きだからそばに置いておきたいし、眺めていたいだけ」

「だから、ひらめいた順にペタペタコラージュ。味気のない団扇《うちわ》やバインダーが、見違えたように素敵になります。本に巻いてブックカバーにすることも」

またたとえば、写真家の個展や画廊から届くポストカード。気に入ったものはベンチ後ろの壁に飾って、楽しいコーナーに。知人のフォトグラファーからもらった作品も一緒に飾っています。

好きだけど着なくなったファッションアイテムもインテリアに生かしま

昔エスニック雑貨店で買ったショールを座面に敷いています。黒のクッションは、ジャケットの余り布でつくったもの。手編みのショールをブランケット代わりに。

左／ハギレでつくったドイリー。「不器用でも、それがいい味に」

中／庭で摘んだヤブランを小さな一輪挿しに合わせて。色味の合うドイリーで統一感を。

右／リビングの細い壁には、作家物のフェルトの衿巻き。左の小棚に飾った水鳥のオブジェもいい味。

第1章
「家時間」を
心地よく

直感的に〝好き〟と思ったカレンダーや包装紙はカットしてストック。紙片で団扇など身近なものをコラージュしています。文庫本のカバーにも。

す。20代に買ったショールをベンチのブランケットや敷物にしたり、鮮やかなブルーのストールを西日が差す窓辺に日除けとして吊るしたり。ほかにも、もう使わなくなったフェルトの衿巻きを、色がきれいだからとタペストリーに。冬のインテリアとして楽しみます。

「好きだけど着なくなった服は、ハギレにしてとっておいて、ドイリー（花瓶敷き、P17つくり方参照）やコースターづくりに役立てては？」

信田さんのアトリエでは、服づくりで出た布きれからテーブルライナーや鍋つかみなど、かわいい小物が次々と生まれていました。

部屋の模様替えも花を飾るのも、あれこれ試してしっくりきたときは、一日じゅう気分がいいという信田さん。「『おっ、いいんじゃない！』『あら、素敵じゃない！』と自分を喜ばせる。**居心地のよい空間づくりは、結局どれだけ『自己満足できるか』に尽きると思います**」

ドイリーのつくり方

P15

\ できあがり /

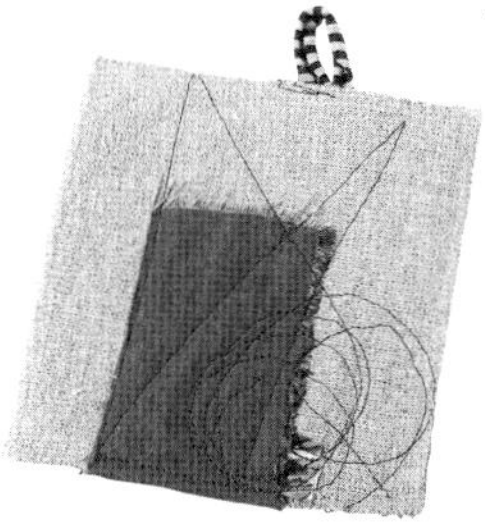

材料（1枚分）

・リネン（厚手）：縦約13×横26cm
・無地布：縦約13×横5cm
・柄布：横約2×縦1.5cm
・紐：長さ約8cm
・縫い糸：オレンジ色、茶色

つくり方

① リネンを2つ折りにし、4辺の縁をミシンでジグザグ縫いにします。縫い糸はリネンになじむ色（写真はオレンジ色）を選びます。

② 無地布で①の好きな位置をはさんで折ります。リネンとの間に柄布をはさんでアクセントに。

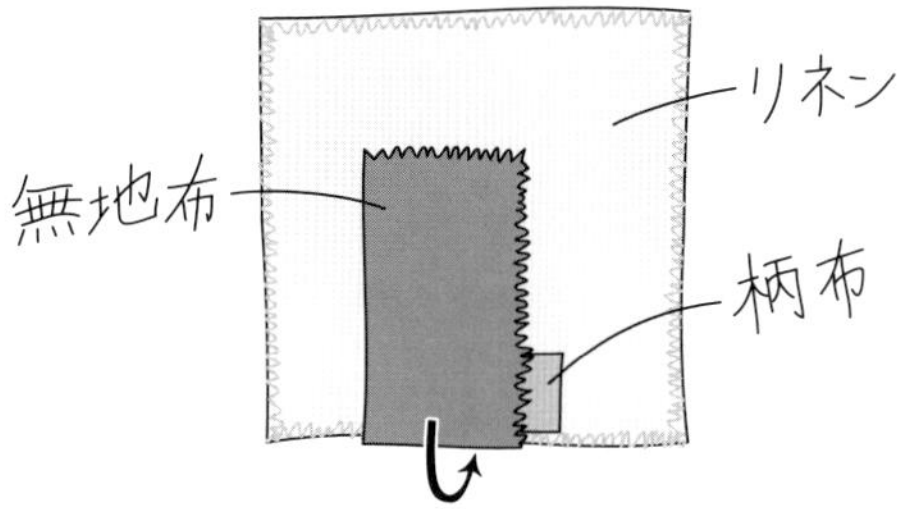

③ 2枚一緒にリネンに縫いつけます。縫い糸を茶色に替え、2枚の布の上を通るようランダムに縫えばOK。

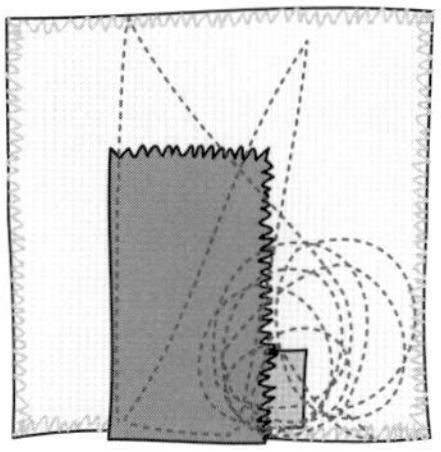

④ 糸をオレンジ色に替え、好きな模様を全体に描きます。生地が丈夫になる効果も。

⑤ ④を裏返し、上辺の中央に、輪にしておいた紐を縫いつけて完成。

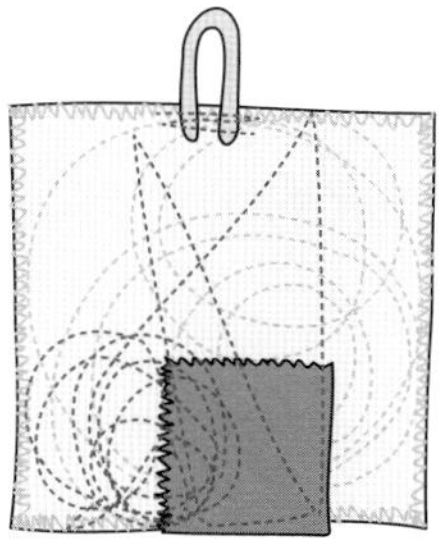

換気と片づけ。朝を気持ちよく始める

信田さんの起床は毎朝5時。空が白み始めると布団から這い出し、家じゅうの窓を開け放ちます。リビング、自室、アトリエ、玄関……。

「寒くても部屋の換気を行います。**庭から風がさぁーっと流れ込んで、室内に木々や草花の香りが漂う。季節の移ろいを感じて、気持ちがいいんです**」

リビングの特等席に座り、好きなコーヒーを淹れて飲み、ボーッと考えごと（ちなみにコーヒーは大のお

朝の散歩で摘んだ草花を手にする信田さん。テーブルで待っているのは愛猫のネルちゃん。庭には10数種類の樹木や山野草が育っています。

気に入り、笠間市の『パンドムシャムシャ&コーヒー』のもの)。

するとと「あれ、どうしよう？」「なるほど、そうだったのか！」と、昨日の宿題の答えが頭の中を駆け巡ります。信田さんにとって朝は、一日のうちで心と体がもっとも冴える時間帯。洋服づくりの新たなヒントを得ることもあるそうです。

リビングの特等席からは庭が一望でき、鳥の声も聞こえてきます。約45年前に水も電気も通っていないこの土地に家を建て、花の咲く木をたくさん植えました。ウメ、サクラ、ツバキ……。時を経た庭はまるで森のようです。

「ここからの眺め、最高でしょ？　なのに、**目の前のテーブルが散らかっていると台無しなの。そこで、いつからか就寝前に片づける習慣がつきました。といっても、ものを収納場所に戻すだけ**」

アトリエも、一日の終わりには生地や裁縫道具などを元の場所に戻してすっきり。そうしておいて、一週間に一度くらい中を整理する。家の収納は総じてこんな具合だそう。

たとえば自室で使うレシートや薬などこまごましたものも、所定のところへ。**自分の能力を知り、できる方法を見つけて、無理をしない**ところが信田さんらしさです。

朝食をしっかりとったら、軽く掃除をすませ、道の駅に朝採り野菜を買いに出かけることも。道の駅で旬の野菜に出会うと、メニューが浮かんでワクワクするそうです。予定のない日はたいていアトリエで洋服づくり。気がつくとあっという間にお昼に。

「毎日この繰り返しですが、飽きることはありません。同じように見えても、少しずつ変化していて、新たな発見がある。目の前の自然が、私にそのことを教えてくれます」

上／自室の棚には薬を収納した弁当箱（左）。使わなくなってもこんなふうに役立てます。右の空き缶にはレシートを。下／アトリエの収納棚。ハギレや糸を収納した入れ物と雑貨を一緒に並べ、かわいい雰囲気に。生地は色で分類。

朝は窓を開けて換気をします。室内の空気が一新し、一日の始まりを肌で感じられます。

リビング全景。左手が庭、右手がキッチン。壁の向こう側が自室です。リビングのテーブルは、就寝前の片づけですっきり。

素材、サイズ、用途。自分本位で服を着る

「仕事を辞めて家にいる時間が長くなり、おうちで素敵に暮らす洋服があるといいな、と思って服をつくり始めました。仕事服っていろいろと制約があるでしょ。でもそれももう、いいんじゃないかと思って。その代わりに新しい楽しみに出会ったって感じかしら」

信田さんは『ｃｏｒｏｍｏ』という手づくり服の工房を持っています。シンプルなデザインの服はゆったりと空気をはらみ、ノビノビと動けて行動を制限しません。なんと、ノーブラさえ！　許してくれます。

「もう、服に自分を合わせるのはやめようと思ったんです。たとえば、

服のために補整下着を身につけるなんて、私はまっぴらごめん。カップつきのインナーさえもできればNGです」

服づくりで大事にしているのは着心地。服の多くはサイズフリーで、たっぷりと生地を使い、ウエストは伸縮性のあるゴムで仕上げています。

また、いわゆる直線裁ちの服は、縫うのも着るのもラクなので、よくつくります。生地はコットンやリネン、ウールなどの天然素材が中心です。

「自分が家にいるとき、気分よく過ごせるのはどんな服か。**人目がないからなんでもいいって？　それはない。だって鏡を見ている自分がいるもの。**着心地がよくて、鏡に映る自分を『私って素敵じゃない！』と思える服を着ることは、心の健康にもつながると思うんです。これは実感です」

着方を選べるよう、前後逆に着られる服をつくりました。ボタンを前で留めるとカーディガンに（上）、後ろで留めるとトレーナー風に（下）。

最近気に入っている、ゆったりシルエットのサスペンダーパンツ（左）とバルーンパンツ（右）。年に何回か洋服展を開き、購入も可能。フリーサイズなので、親子で同じ服を買う人もいるそう。

知人からミシンをもらったのがきっかけで、服づくりを始めました。1着目は、ぶかぶかのパンツだったそう。窓辺に吊るしているのは型紙。

音楽と本と。
〝味見〟で新しい世界へ

「今やｉＰａｄは私のお友達。私の好みを誰よりも熟知してくれていて、新しい世界の扉を開いてくれます」

たとえば音楽は、新しいアーティストと出会う機会が増えたと言います。無料の音楽アプリ『Ａｐｐｌｅ Ｍｕｓｉｃ』をインストールし、好きな曲を聴いていると『あなたへのピックアップ』というオススメが次々と上がってくるそう。アン・サリーの唄に癒やされ、Ｍｉｈｏ Ｈａｋａｍａｔａ（袴田美穂）のヴァイオリンに聴きほれているとか。最近の発見は天才ヴァイオリニストＨＩＭＡＲＩ。

好きな読書は『Ａｐｐｌｅ Ｂｏｏｋｓ』（電子書籍の読み放題サービス）を利用することも。なかには無料で試し読みできる本もあり、今まで縁のなかった和歌の本に出会ったと言います。

また、ＹｏｕＴｕｂｅで朗読も楽しみます。「昔はそのよさがわからなかった有吉佐和子の小説『紀ノ川』を聞いたとき、すーっと入ってきておもしろかったんです。それをきっかけに、昔好きだった落語もまた聞くようになりました」

「今はお金をかけずに〝味見〟できるツールがたくさん。無料の音楽アプリは、私にヴァイオリンの音色が好きだということを気づかせてくれました。**この歳になっても好きの預金が増えていく。ＳＮＳも悪くないですね**」

Apple Musicには似た曲を集めて聞ける「ステーション」があり、アン・サリーや石川紅奈などをストック。

レコードプレーヤーやスピーカーは長男からの贈り物。洋楽ではビリー・ホリデイなど古いジャスが好き。

カフェ時代のトイレのハンドタオルを再現してもらいました。写真は白いタオルを使ったもので、カラフルな刺繍糸でかがった縁がかわいらしい。

環境に負荷をかけない気持ちよさ

「カフェを始めた頃の話です。外食先でペーパータオルが山ほど捨ててあるのを見て、うちのカフェではやりたくないな、と思って、**さらしのハンドタオルをつくりました**」

信田さんは、なるべくごみを出さない生活を送っています。理由は、ごみは地球を汚すと考えているから。トイレのペーパータオルをはじめ、キッチンペーパーやティッシュペーパーはできるだけ使わず、たとえばキッチンペーパーの代わりに白いさらしを使っています。汚れたものはその日のうちに下洗いし、洗濯機へ。

また、ラップは耐熱性のシリコンラップを代用。いろいろなサイズを持ち、食品の保存や電子レンジの解凍などにフル活用し、使用後は洗って乾かし、また使います。過剰包装も嫌い、買い物では断ることもあるそうです。

ごみはなるべくリサイクルへ。庭にコンポストを設置し、生ごみはそこに入れ、堆肥にします。空き瓶は花器やジャムの保存に。ペットボトルは資源ごみへ。本は古本を購入することもあり、読み終えたら買い取ってもらえるしくみを利用していると言います。

「環境問題は、快適さと天秤にかけられることが多いですよね。たとえば、洗濯に使う柔軟剤。私は〝フカフカ〟でなくても十分なので使っていません。今は、そういう暮らしが気持ちいいと感じています」

ハンドタオルのつくり方

P31

材料（4枚分）

・薄手のフェイスタオル（白）：1枚
・縫い糸：白（タオルと同色）
・刺繍糸：好みの色、6本どり

つくり方

① タオルは上下左右の端（折り重ねて縫ってある硬い部分）を切り取ります。

② 長辺、短辺をそれぞれを2等分に切り、4枚にします。

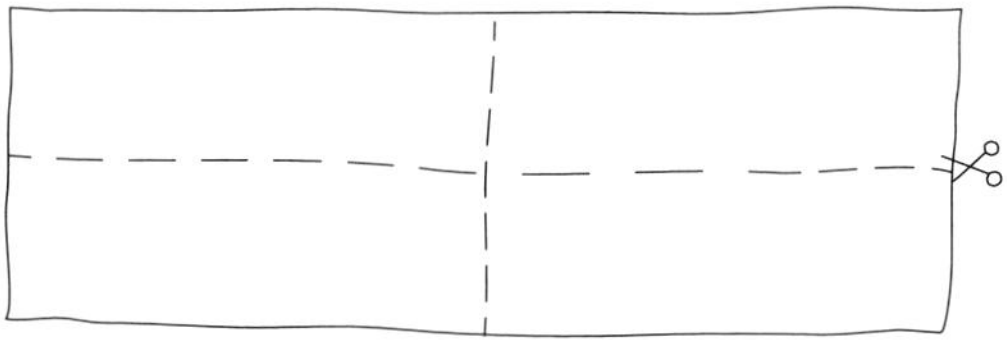

③ ②の長辺を半分に折り、3辺を並縫いして袋状にします。

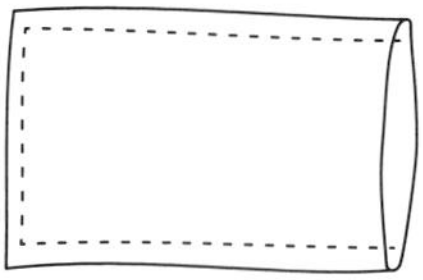

④ ③を裏返し、残りの1辺を1.5cmほど内側に折り込み、4辺を縫ってとじます。その際、端から5mm内側を縫うと、仕上げのブランケットステッチがしやすくなります。

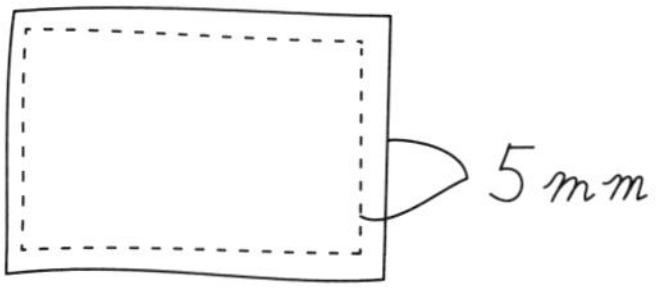

⑤ ④の周囲を刺繍糸でブランケットステッチ（下図参照）にすれば完成。

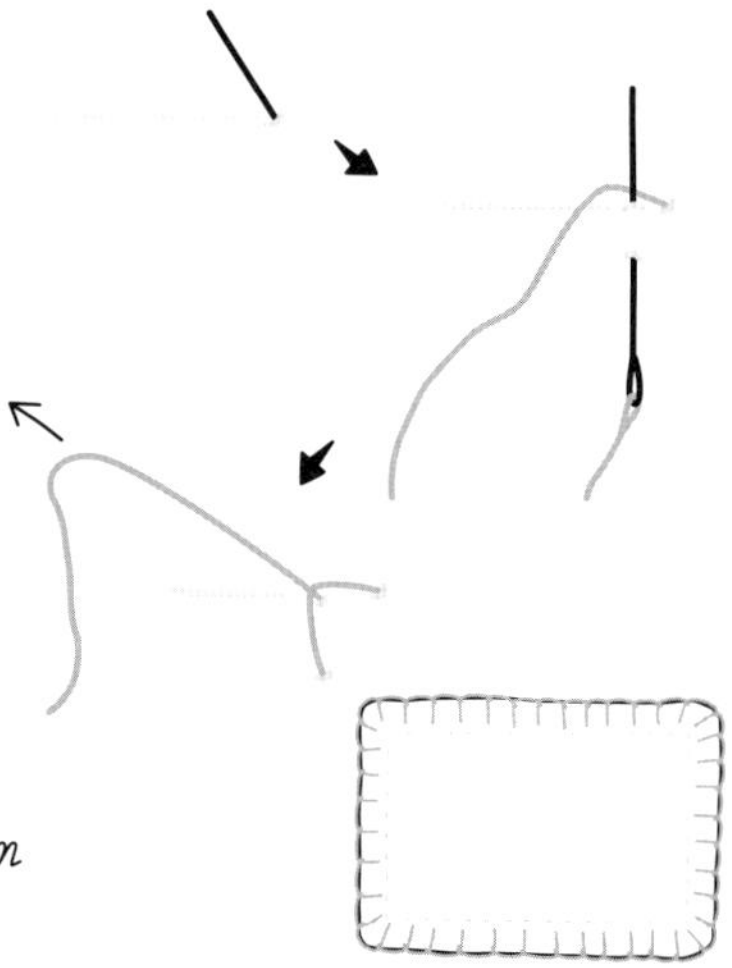

耐熱性のフタは、ピチッとフィットするシリコン製と、ポンとかぶせるポリプロピレン製を使い分けています。シリコン製は、野菜の保存にも使用。

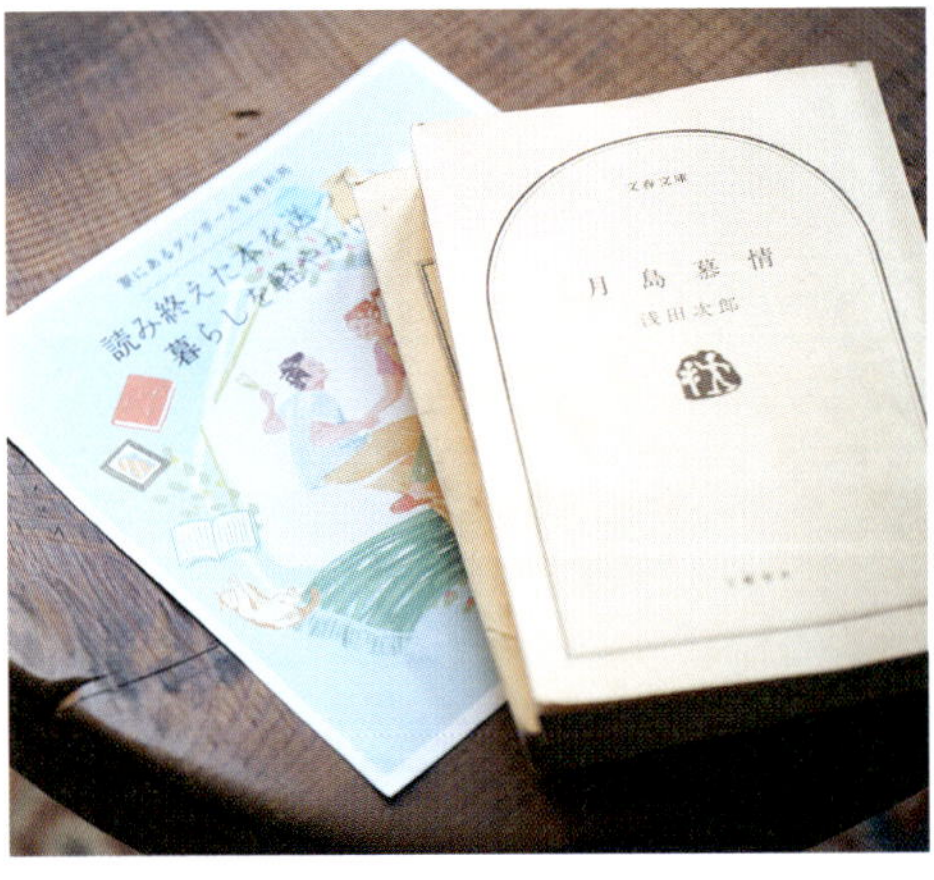

上／古本もよく買います。読み終えたら段ボール箱に詰め、引き取りに来てくれる宅配買い取りで、次へバトンタッチ。『バリューブックス』がいいみたい、と。

右／電気を使わないコンポスト。しばらくして堆肥になったら、庭の樹木に撒きます。カフェ時代は庭のあちこちに置いていたそう。

夜のひとり時間は〝愉しむ〟こと最優先

夕焼けに染まる空を見て信田さんは言います。

「ミシンを踏んでいて、あたりが暗くなってくると、あぁもうやめようと、服づくりをきり上げます。**仕事の終わりは、時計では決めないんです**」

パンにオリーブオイルとザアタル（中東のハーブを混ぜた調味料）をつけて食べることも。

コーヒーを飲んでひと息。ネルちゃんと一緒に庭巡りを楽しんだら、「『今日は何をアテにチビチビやろうか?』などと考える。これだから隠居暮らしはやめられません(笑)」

入浴は夕食前。なんと電気を消すときも。「窓を開けると、夜の匂いと森のざわめきが急に入ってきます。まるで温泉につかっているようで癒やされる。薄暗い浴室はとにかく落ち着きます。オススメですよ!」

「朝食をおいしく食べたいから」と夕食はあえて軽めに。たいていはお昼の残りをアレンジしたものでお酒を少々。たとえば、漬物(大根、にんじん、きゅうり)をライスペーパーと韓国のりで巻くだけで、立派なおつまみになります(P35)。

チーズとジャムしかない日は、ひと口大に切ったパンにのせてカナッペ風に。プラス本とワインがあれば完璧! だとか。P53でご紹介するキーマカレーにトマト缶を加えて温め、ゆでたじゃがいもにかけることも。

「『夕食はきちんとしなきゃ』と、以前の私なら、疲れていても頑張っていると思います。でも今はひとり。〝愉しむ〟ことを中心に夜の時間を考えています。**人生の前半は家族のため、後半はカフェのお客さんのために料理をつくってきて、ひとりご飯は特別おいしいものである必要はないと考えています**」

「食後はなるべく家事をしたくない」と、洗い物や片づけは調理の際にすませます。食べ終わった器をチャカチャカ洗えば、はい、終了。タブレットを持って自室に向かいます。ＹｏｕＴｕｂｅで朗読を楽しんだり、好きなパーソナリティのラジオを聴いたり。

「**お風呂に入ってご飯を食べて寝る。決めているのはそれだけです**。あとは、その日任せに好きなことを。よく眠れ、翌朝シャキッと目覚めます」

第2章
「食べる」を心地よく

みそ煮込みビーフシチュー、白玉コーヒーetc.『猫車』のメニューには魅力的なネーミングが並びます。「自分のためにつくる料理はまた別よ」と言いますが、「あるものでチャチャチャッ」とつくる料理にはプロの技が光り、お店のおいしさそのものです。

朝ご飯は〝ながら食べ〟しない

朝目覚めたら、豆を挽いて、コーヒーを淹れます。ひと息つくと、いよいよ朝食。夕食を軽めにすませているので、7時頃にはお腹がすくそうです。

「私ね、朝食の時間をとっても大切にしています」と信田さん。「時間をかけてゆっくり食べます。季節がよければ窓を開けて、お庭の景色を眺めながら……。空気がおいしいと食がいっそう進みます」

食卓には、卵か肉料理を必ず。野菜は多め。それとパン、ヨーグルト、コーヒーがいつものメニュー。

たとえば、豚ロース肉があったら、お湯でしゃぶしゃぶして野菜と一緒に。ごまだれをかけていただきます。たまには、ベーコンをカリッと焼いて、トマトやキウイとサンドイッチにすることも。

野菜は、サラダやスープにすることが多いそう。体が求めているせいか、季節によって自然と調理法は変わると言います。好きでよくつくるかぶやかぼちゃのポタージュは、ゆでたあと牛乳とフードプロセッサーにかけ、塩、こしょう少々で味を調えるだけ。

ヨーグルトにはいつもくるみとレーズン。酸味のあるヨーグルトにレーズンの甘味が合います。くるみのざくざくした歯ごたえは満足感たっぷり。

「本や新聞を読みながら食べる人いるでしょ。私はあれができない。食べるときにはしっかり味わって食べます」

キッチンカウンターから調理場を見たところ。カウンターには季節の果物や野菜が器に盛られています。「目に触れると料理のメニューが浮かびやすいし、在庫管理にも役立ちます」

上／この日の朝食は、スクランブルエッグと野菜をオリーブオイルで炒めたもの。スクランブルエッグにはザアタル（P35）を入れ、ちょっぴりエスニックな風味に。下／自家製のスコーンに、りんごジャム（P81つくり方参照）、水きりヨーグルトをのせて。

パンがきれたときは、カフェの人気メニューだったという、スコーンの出番です。一度に薄力粉500gを使って10個のスコーンを焼き、冷凍します。朝は凍ったままオーブンで温め直します。スコーンを手で割ると、バターの香りがふわっと漂ってきました。

「うちのスコーンは、生地がゆるめなの。そのほうが、外がカリッ、中がフワッと焼き上がって、軽い食感になるんです。ぽってりしているから、オーブンの天板にはスプーンで落とし入れてくださいね」

「いちご、ブルーベリー、りんご、ゆず、はっさく……。季節の果物でつくるジャムを添えれば、一年じゅう飽きずに楽しめますよ。それから水きりヨーグルト！　コーヒーサーバーにペーパーフィルターをセットしてヨーグルトを入れ、15分くらい待つだけ。生クリームのような食感で、より濃厚な味わいを楽しめます」

スコーンのつくり方

P43

＼できあがり／

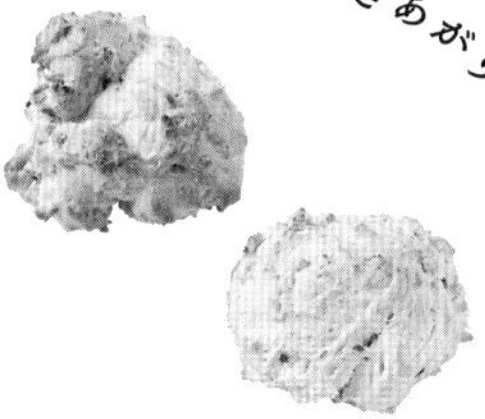

材料（8～10個分）

・薄力粉：500g
・きび砂糖：大さじ2
・ベーキングパウダー：大さじ1と1/3
・塩：小さじ1/3
・バター（有塩）：120g
・牛乳：1と1/2カップ

つくり方

① 牛乳以外の材料をボウルに入れます。冷たいバターと薄力粉をよく混ぜ合わせます。フードプロセッサーを使っても。

② 牛乳を3回ぐらいに分けて注ぎ、ヘラなどでしっかり混ぜてやわらかめの生地をつくります。

③ オーブンを200℃に温めます。天板にオーブン用シートを敷き、スプーンで生地を8～10等分にしてすくい、天板に間隔をあけて落とします。

④ ③の表面が薄いきつね色になるまで10～12分を目安に焼きます（ガスオーブンの場合）。器に盛り、好みで水きりヨーグルトやジャムをかけます。

簡単！ 美味！ エコな揚げ物

揚げ物は、つくるより買うものと思っている人が多いと聞きます。そのことを信田さんに話すと、「もったいない！」と叫びました。

「料理のなかで、こんなに簡単でおいしいもの、ないんじゃないかしら。手順がシンプルで、調味料の配合いらず。天ぷら粉をつけて揚げるだけで、素材の旨味を堪能できます」

野菜の素揚げ、かき揚げ、春巻き、揚げだし

ガスコンロのグリルを油きりに使えば、バットやキッチンペーパーは必要ありません。引き出しておいて、揚がった順に並べるだけ。グリルの掃除は、油が温かいうちに終わらせます。

豆腐、白身魚のフライ……。小魚は丸ごと揚げて、バリバリと骨まで食べれば、食材廃棄率はゼロ。揚げ油も、炒め物などに再利用して使いきります。

油の始末や掃除は、ひとつの作業と考えてとりかかります。汚れがゆるいうちに、フライパンやコンロまわりを拭いて、食べる前にすませてしまえば苦になりません。ちなみに、油きりにはガスコンロのグリルを使用。

「今日は、桜えびと玉ねぎのかき揚げをつくりましょうか」と信田さん。

ボウルに材料を入れて天ぷら粉をパラパラとまぶし、手でなじませます。そこに天ぷら粉を水で溶いたものを加減しながら加えます。タネは〝ちょっとゆるめ〟くらいがベスト。フライパンに米油を3㎝ほど熱し、スプーンですくい入れて揚げ、途中箸で穴を開けて空気を抜けば軽い仕上がりに。ヘルシーなかき揚げのできあがりです。

冷蔵庫一掃メニューで〝なんにもない〟を楽しむ

「買い物は、冷蔵庫が空っぽになってから」という信田さん。冷凍できる肉や魚は別として、問題は野菜。ひとり暮らしの場合、どうしても〝切れっ端〟が残ります。

「にんじん、大根、玉ねぎ……。くず野菜を並べて、はてどうしよう？　と考えるわけですよ。全部、小さく刻んじゃえば、なんとかなるんじゃない？と気づくわけ。そこで考えついたひとつが、写真のキーマカレーです」

にんにくとしょうがで香りを出したら、刻んだ野菜をよく炒め、冷凍のひき肉を解凍して入れ、ホールトマトを手でつぶしながら加えて煮ます。さら

上／いろいろな野菜が入ったキーマカレーはとってもヘルシー。味に奥行きがあります。みそを入れるのが信田さん流。左上／つけ合わせに、ブロッコリーやなすの素揚げを。ブロッコリーはホワホワサクサクした新食感！

おそれいりますが、
切手を
お貼りください

104-8357

東京都中央区京橋 3-5-7
株式会社主婦と生活社
コットンタイム編集部
『77 歳 365 日の紡ぎ方』
愛読者係　行

ご住所
〒　　　　　—

☎　　　　　　　　　　メールアドレス

お名前
(フリガナ)　　　　　　　　男・女／年齢　　　歳

ご職業　　1 主婦　2 会社員　3 自営業　4 その他(　　　　　　　　　)

未婚・既婚(　　年)／家族構成(年齢)

この本をどこで知りましたか？(複数回答可)

1 書店　2 amazon　3 楽天ブックス　4 YouTubeチャンネル
5 コットンタイム本誌・私のカントリー本誌　6 コットンタイムのインスタグラム
7 その他(　　　　　　　　　　　　　　)

この本を購入された理由は何ですか？

『77歳365日の紡ぎ方』を
お買い上げいただき、ありがとうございました。
今後の企画の参考にさせていただくため、
アンケートにご協力ください。

---

1 この本で「印象に残ったページ」を3つ教えてください。

( )ページの( )

その理由:

( )ページの( )

その理由:

( )ページの( )

その理由:

2 この本で「作りたい」と思った料理や手仕事を3つお書きください。

( )ページの( )

( )ページの( )

( )ページの( )

3 この本の表紙、内容、ページ数、価格のバランスはいかがですか?

4 今後取り上げてほしい書籍のテーマがあれば教えてください。

※お名前・ご住所など個人を特定できる情報を公開しないことを条件に、
このはがきのコメントをこの本の宣伝に使用してもよろしいですか?
□使用しても良い　□使用しないで欲しい

お送りいただいた個人情報は、今後の編集企画の参考としてのみ使用し、他の目的には使用いたしません。
詳しくは当社のプライバシーポリシー(https://www.shufu.co.jp/privacy/)をご覧ください。

ゆでた大豆をジッパー付きの袋に入れて冷凍。ミネストローネやひじきの煮物に使います。

に、カレー粉も加えてみそで味をつけます。しばらく煮て水分を飛ばせば、キーマカレーのできあがり。

あとはミネストローネも。野菜とベーコン、にんにくをオリーブオイルで炒め、水を注いでチキンスープの素を入れ、ホールトマトを加えてコトコト。「こんなときのために！」と取り出したのが、ゆでて冷凍した大豆。乾燥大豆をゆで、汁ごと保存袋に入れて冷凍し、そのまま鍋へ。食べごたえのあるスープになるうえ、たんぱく質も摂れます。

ほかに、野菜のかき揚げなどもよくつくるそう。結果的に、多種類の野菜を摂取でき、健康面でも満足のいく一品に。

「人間って困ると知恵が働いて、アイデアが湧きますよね。**冷蔵庫が空っぽになったときこそ腕の見せどころ。新しいメニューが生まれるのはこんなときです**」

キーマカレーのつくり方

P50

＼できあがり／

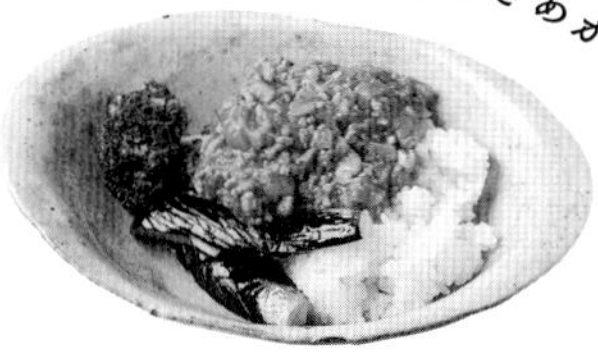

材料（3人分）

・合いびき肉：200g　・玉ねぎ：1/2個
・野菜（にんじん、ごぼう、れんこん、大根、きのこ、なすなど）：80 ～ 100g
・にんにく、しょうが：各大1かけ
・カレー粉：大さじ1 ～ 1と1/2
・みそ：大さじ2 ～ 2と1/2
・ホールトマト（缶詰）：400g
・温かいご飯：茶碗3膳分
・オリーブオイル：大さじ1 ～ 1と1/2
・塩：適量

つくり方

① 玉ねぎは粗みじん切り、野菜、にんにくとしょうがはそれぞれみじん切りにします。

② フライパンにオリーブオイルとにんにく、しょうがを入れて弱火にかけ、ゆっくりと炒めます。香りが立ってきたら火を強め、玉ねぎ、塩ひとつまみを加えて炒めます。

③ 玉ねぎが透き通ってきたら、硬い野菜から順に入れて炒めます。そのつど塩少々をふり、野菜の旨味を引き出します。

④ 木ベラでときどき混ぜながら、10分ほど炒めます。汁気が飛んでとろみがついたら、カレー粉、みそを順に入れて全体になじませます。

⑤ ひき肉を入れて炒め、肉の色が変わったら、ホールトマトを缶汁ごと加えます。木ベラでつぶしながら、野菜がやわらかくなって水分がほどよくなくなるまで煮ます。

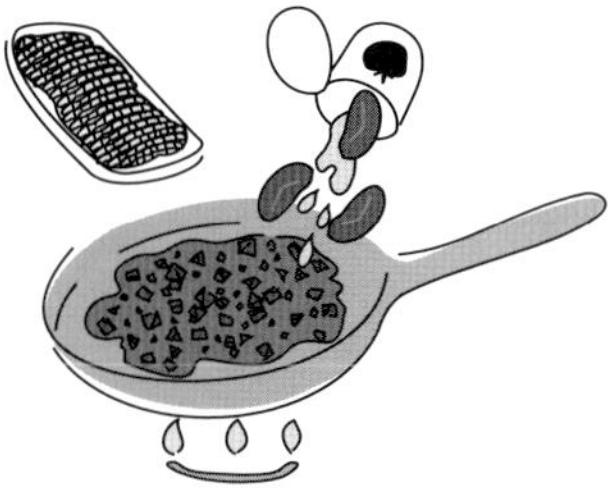

⑥ 器にご飯を盛ってカレーをかけ、好みで野菜の素揚げ（写真はブロッコリー、なす）を添えます。

冷凍の白玉だんごでつくるいつものおやつ

カフェのメニューに『白玉コーヒー』がありました。白玉だんごに季節のフルーツやアイスクリームをのせ、上から熱々のコーヒーをジュッとかける。立ち上るコーヒーの香りに歓声が上がり、人気メニューのひとつだったそうです。

「白玉だんごは好きで常備しています。白玉粉に袋の表示通りの水を加えて練り、直径3㎝ほどのだんごをつくってゆでます。金属製のバットに並べて冷凍し、固まったらジッパー付きの保存袋へ。こうしておくと、食べたい分だけバラバラと出せて便利なんです。解凍してゆで、あんこときなこをのせればできあがり。もち米100％の白玉粉を選ぶのが、おいしさ

よもぎ入りの白玉だんご。だんごは味が絡みやすいよう、平らな楕円形にしています。あんときなこのダブルのせが贅沢。

紅茶はアールグレーを使用。グレープフルーツのしぼり汁と混ぜると色がきれいに出るそう。

を分けるポイントです」

Ｐ55下の写真は『グレープフルーツアイスティー』で夏の人気メニュー。アイスレモンティーがヒントになり、レモンの代わりにグレープフルーツでつくってみたら、甘くて果実味たっぷりのアイスティーが誕生したそう。

準備するのは、濃いめに淹れた紅茶1カップ、グレープフルーツ（赤、白どちらでも）のしぼり汁1/4カップ、はちみつまたはガムシロップ適量。グラスに氷をたっぷりと入れ、熱い紅茶を注ぎ入れ、はちみつを加えてかき混ぜます。最後に、グレープフルーツのしぼり汁を静かに流し入れ、ひと混ぜすれば完成。

じつは「ご飯をおいしく食べたいので、間食はあまりしない」という信田さん。「でもひと息つきたいとき、甘いものがちょっとあるとうれしい。それには、白玉だんごがぴったりなんです」

小さくてかわいい器を
たくさん並べる

陶芸家の妻として、来る日も来る日も〝器が生きる盛りつけ〟を考えてきた信田さん。「華道家は花が生きる花器を選ぶと聞いたことがありますが、私たちは器が主役。一般的に料理は〝大ぶりの器に小さく盛る〟ことで、柄や質感が際立ち、器のよさをより楽しむことができます」

P59の写真は、信田さんが最近よく使う器たち。大きさを測ってみると11～23㎝。写ってはいませんが、もっと小さな豆皿もよく使うそうです。1人分を盛ったり、洗ったりするのに、これくらいのサイズが、今の信田さんには扱いやすいとか。

「たとえば上の立ち上がりがある器は、和菓子にぴったり。大根おろしもハッとするくらいおいしそうに見えますよ。その右の白い片口はヨーグルトやフルーツ、左端の縁を彩った器は白和えやナムル。右端のリム（縁）があるお皿は大きめなので、肉や魚とサラダを盛り合わせます」

左下の中央に黒い模様があるお皿は、見ていて楽しいのですが、料理を盛るとなると悩みます。「柄は隠れてしまいますが、食後に楽しみが待っている！　と考えればいいんじゃないかしら。たとえば、大葉を敷いてまぐろのぶつ切りなんかをこんもりと盛る。白いお皿だと思って食べていると……黒色が現れて、ちょっとしたサプライズに」

信田さんは言います。「外食の機会が減る年齢だからこそ、おうちでお気に入りの器を楽しんでみては？」

「たとえば、まるで好きな雑貨をコレクションするように、小さくてかわいらしい器を集めてみる。**残り物や乾き物でも、ちょこっと盛ってたくさん並べると、器の力でおいしそうに見えます**」

第2章

「食べる」を心地よく

器はすべて信田勝馬さんによるもの。信田さんお気に入りのひょうたん形の黒い器（右下）には、肉じゃがや鶏肉と大根の煮物などを盛るそう。

Column

一問一答！

信田さんへの素朴な疑問、お聞きしました。

Q 益子暮らしのいいところは？

A 新鮮な農産物が比較的安い値段で手に入ります。水がおいしいといわれます。小さな町のせいか、ゆったりとした時間が流れているような気がします。また、焼き物に携わる作家さんのみならず、木工、ガラス、鉄、彫刻などの工芸作家さんたちが住んでおり、そんな人たちとの交流は他では得難いものです。

Q 愛猫のネルちゃんは、どんな存在ですか？

A ネルは生まれて1年と少しの頃、猪の罠にかかって左の前足を失いましたが、残った3本の足をフルに使って鳥を獲り、バッタを追いかけます。なかでも最高にかわいいのが、1本だけの前足を思いきり伸ばしてする〝伸び〟。今を楽しむって、こういうことなんだなって教えてもらっていますよ、ネル先生には。

Q 献立の組み立て方を教えてください。

A 鰹出汁《だし》が香る昔ながらの煮物や汁物が好きなので、春夏秋冬出汁を取ることからご飯の用意は始まります。そして、もうひとつ欠かせないのが季節の香。ちなみに、今日（2024年冬）の昼食は、柚子の皮を散らした聖護院大根と豚バラ肉の京風煮物がメインでした。

Q 春夏秋冬。それぞれの好きな**花**は？

A 難しい質問ですね。野に咲く花も、山を賑わす花も、畦《あぜ》や小川を縁取る花たちも、四季が巡るたびにかわるがわる私を癒やしてくれます。どれかひとつを指差せないですよ。仮にノアザミの風に揺れる姿が心に留まったとしても、その隣のノギクだって可憐だし……。みんな違って、みんないいんです。

Q 好きな**作家**や**本**は？

A ノンフィクションでは、最近読んだのが沢木耕太郎の『天路の旅人』、藤原新也の『祈り』、ブレイディみかこの『ぼくはイエローでホワイトで、ちょっとブルー』。ヨシタケシンスケの絵本も好き！　小説なら、姫野カオルコの『整形美女』、ボニー・ガルマス『化学の授業をはじめます。』がおもしろかったですね。

Q ビビッドな**洋服**を着てみたいのですが、勇気が必要です。何かアドバイスは？

A 私は70歳になったとき、服づくりのトレーニングのためにピンクのワンピースをつくりました。試しに着てみたら、私の白い髪が輝いて見えたんです。あら、ちょっといいかもってなって。そこからですかね。色に対するアレルギーがなくなったのは。自己満足で大いに結構。まずは普段着で楽しみましょ。

Q **個展**のご予定があれば、時期と内容を教えてください。

A 2025年から〝2か月に一日ひらく、服や〟というのを始めました。とりあえずは、4月と6月の初旬を予定しています。夏はお休み。77歳の新しい試みです。いくつになってもオシャレは楽しいと思える場所にできたらいいなと思っています。フェイスブックとインスタグラムに情報を発信しています。minnano_coromoで検索してみてください。

第3章
「季節の巡り」を心地よく

部屋には季節の花が飾られ、食卓には旬の野菜が並ぶ――。信田さんが大事にしているのが季節感。自然がもたらす変化は、暮らしに小さな感動を与えてくれます。押し花アートや小枝のブローチ、ジャムのつくり方などを教わりました。

冬暖かく夏涼やかな部屋づくり

信田さんのお宅を訪ねたのは晩秋のこと。ご自宅に一歩入ると、体全体を包み込む暖かさに驚きました。リビングは吹き抜けで広々としています。

「ペレットストーブのおかげよね。暖かい空気が対流し、大きな空間にぴったりといわれています。体の芯がじんわりと温まっていくのを感じるでしょ？　ベンチに座ると、ついウトウトと寝入ってしまって……」

ペレットストーブとは、間伐材や端材を圧縮成形したペレットが燃料のストーブで、森林資源を有効に使えるそうです。最近では、化石燃料を使わない点でも注目を集めています。また、薪を確保する必要がないので、炎のある暮らしを楽しみたい人に大人気。

冬はこの熱を利用して、寝室を1階からロフトへ移すそう。暖かい空気は上に溜まりやすく、天井が低いロフトは、熱を逃がしにくいのです。ふだん来客用に使っているロフトには、リネンや寝具が揃っていました。

逆に**夏は、窓を開け放ち、家じゅうに風を通します。**敷地は庭に向けてなだらかに傾斜していて、その先の田んぼから気持ちのいい風が吹き上げます。窓辺に吊るした風鈴がチリンと鳴って、涼しさを呼び込みます。雑木が茂る裏山は、木漏れ日の森に。

とはいえ、このところの猛暑で、エアコンは必須に。天井の近くにはサーキュレーターもありました。「リビングの窓を二重ガラスにしたのは正解でした。冬は暖気を、夏は寒気を逃がしにくく、一年中快適に過ごせます」

ロフトの寝室。切妻の屋根は空気の対流が生まれ、冬でも暖かいとか。右奥はふとんを収納する押し入れで、扉には柿渋染めの半紙を貼っています。

窓辺に飾った江戸風鈴。「素っ気ないほどのシンプルさが気に入って」、奈良の『中川政七商店』で購入。

リビングに設置したペレットストーブ。「同じストーブを故坂本龍一さんが創立した森林保全団体が、東日本大震災の際仮設住宅に寄贈したとお聞きしました」

自然を飾ると心が躍る

信田さんの家には、一年を通して草花が飾ってあります。たとえば春はシロツメクサ、夏はツユクサ、秋はヒガンバナ、冬はネコジャラシ……。

「朝や夕方の散歩で持ち帰った草花を飾ると、見慣れた部屋の空気がガラッと変わる」。その感じがとても好きです。同じ季節でも植物は日に日に変化します。だから、リビングの同じ場所から眺めていても飽きることはありません。

季節のしつらえを考えることも好きです。気楽なひとり暮らしですから、そのときの気分に合わせて、小物を出したりしまったり。夏なら風鈴やよしず、冬ならあったかグッズをいろいろとね。

花を活ける器？　最近は何も構えません。ただの空き瓶や使っていないバスケットなんかを利用します。こだわりは、あえて言うならドイリーですかね」

リビングの和箪笥にはハギレでつくった味のあるドイリーがたくさん。何枚か取り出し、全体の色や雰囲気に合う1枚をパッと選びました。

「よし、これでいいわね。**遊んでいるように見えるかもしれないけれど、じつは真剣なの**。だから、急かさないでね（笑）。**だって、自分を感動させるためにやっているんだから**」

ときには押し花づくりのために草花を摘むことも。カヤツリグサ、ギボウシ、スミレ……。草花を板と板の間にはさんで重石をし、ひと月ほどプレスして押し花をつくります。

それを和紙に貼り、板やフォトフレーム、木の皮シートなどに固定すれば、押し花アートの完成（P73つくり方参照）。壁や棚に飾るだけで、部屋に季

「散歩で摘んだ草花を活けるときが、私にとっての至福のとき。癒やされる時間です」。花器の下に敷いたのは、むしろ機の筬《おさ》。

枯れ葉とつぼみの組み合わせが、ガラスの花器にぴったり。緑の葉の生命力が際立ちます。冬の寝室の棚上にて。

アトリエの棚に飾った押し花アートは、ひと回り大きい板にのりづけしています。葉の形がシンプルなギボウシは、初心者におすすめの植物。

小枝に刺繍糸を巻きつけると、華やかなブローチに。刺繍糸の先端に木工用ボンドをつけて枝に巻きつけ、巻き終わりをボンドで留めます。

節感が出ます。

「植物標本っぽい感じを出したかったので、植物名をアルファベットで書きました。知らない植物の名前をインターネットで調べるのも、楽しいひとときです」

あるときは、庭先で拾った木の枝をブローチにしようと思い立ちます。長さを適当にカットし、刺繍糸をぐるぐると巻きつけ、安全ピンをペタッ。枝の形はひとつとして同じものはなく、世界でひとつのアクセサリーができあがりました。

「季節の草花を活けたり、小枝のブローチをつくったり。自然が暮らしに変化をもたらしてくれて、いい気分転換になります。**都会のような刺激が欲しいとは思いませんが、小さな変化に気づくと心が躍ります。**これくらいが今の私には心地いいんです」

押し花アートのつくり方

P71

＼できあがり／

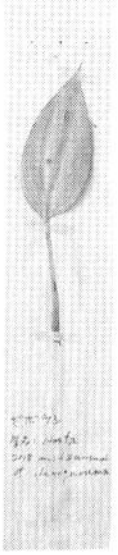

材料（草花1本分）・道具

- 好みの草花：1本
- 和紙：草花よりひと回り大きいサイズ
- 板（押し花用、粘土板など）
- 新聞紙　・重石（本など）
- はさみ　・竹串
- 木工用ボンド　・細ペン（黒）

つくり方

① 草花の汚れを払い、余計な枝や葉などを取り除きます。

② 押し花用の板の上に新聞紙を広げ、①を置いて別の新聞紙を被せ、重石をします。重石は重いほどよく、上からしっかりと押さえつけます。

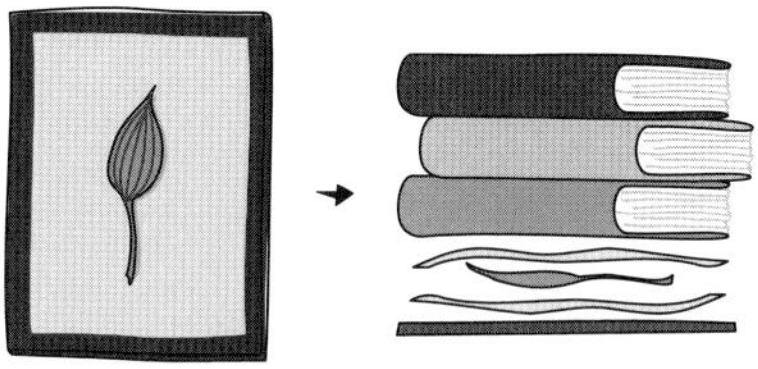

③ 乾燥した室内で1カ月ほどおいたら、重石をよけて新聞紙をそっと取り外します。

④ 押し花を貼る台紙を用意します。和紙をカットし、余った和紙で茎を固定するテープをつくります（写真は幅約0.5×長さ2cmを3本）。

⑤ 押し花を裏返し、竹串に木工用ボンドをつけて塗り、和紙に貼ります。花や葉は壊れやすいので、ボンドはごく少量を薄くつけます。

⑥ 和紙に押し花を貼ったら、④のテープの裏にボンドを塗り、上から3カ所ほど貼りつけます。

⑦ ペンで草花、学名、採取した日付などを書けば完成。板などに貼りつけて飾ります。

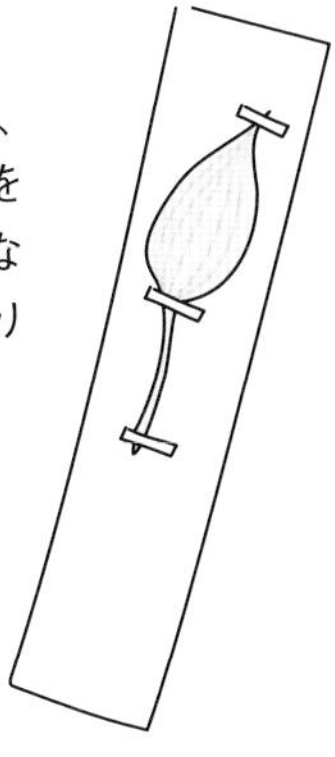

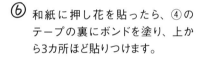

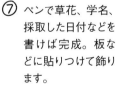

左／汚れに気づいたらすぐやりたい派なので、掃除道具はキッチン入口に出しっぱなしに。準備いらずのコードレス掃除機を愛用。

右／雑巾を水に濡らして絞り、全体を拭くだけ。仕上げに乾いた雑巾でから拭きします。

季節の変わり目に窓を拭く

今から10年以上前、カフェ時代の話です。出勤したスタッフがまずやる仕事が窓拭きでした。お店の売りは、窓から見える景色。だから窓拭きは大切な仕事なのです。ピカピカに磨かれた大きな窓からは、四季折々の自然がいっそう美しく見えます。

「せっかくの景色を隠すのはもったいないので、カーテンはつけていません。でも、そのぶん汚れが丸見え。鳥の糞、虫の跡、手垢……。とくに季節が移って光の感じが変わると、汚れが目立つようになります。そこで、いつからかマメに、窓を拭くようになりました」

窓拭きで使うのは雑巾だけ。水拭きしたあと、乾いた雑巾で拭き上げます。じつに簡単。洗剤は汚れが落ちなければ使いますが、最初から用意することはありません。拭き方もノールール。立ったまま、汚れが気になる場所を追いかけるようにして拭きます。

ほかの掃除道具も見せてもらうと、コードレス掃除機、フロアモップ、ほうきとちりとり。ほかに、粘着クリーナーを2本、アトリエとキッチンの棚に置いているそうです。アトリエ用は、おもに洋服づくりで出た糸くずなどを取るため。

「腰に持病があり、しゃがんでする作業が辛くなってきました。**掃除はシンプルであればあるほど気楽にできるので、最初から道具や洗剤は持ちません**。あれこれ試してそれでもダメで、必要だったら持つ。汚れに気づいたとき、身軽に掃除ができるフットワークの軽さを大事にしています」

食卓に季節を運ぶ
ジャムづくり

信田さんの楽しみのひとつが、季節の果物を使ったジャムづくり。

春はいちご、夏はブルーベリー、秋はりんご、冬はゆず……。時季になると、道の駅で売っているはねだしの果物を買いに走るそうです。毎年友人から届く無農薬のはっさくは、皮ごとザクザク切ってマーマレードに。キッチンには、ジャムを保存する瓶がたくさん並んでいました。

「果物と砂糖だけでつくるシンプルなジャムは、果物の風味を大切にしたいから、甘さも控えめにします。お砂糖は果物の30％で十分。鍋で20分くらい煮たら、仕上げにブランデーやラム酒、ウイスキーをちょこっと

よくつくるという柿とかぶのサラダ。味つけはオリーブオイルと酢を1対1で。味見しながら塩も加えます。仕上げにこしょうも忘れずに。

庭の渋柿は干し柿にし、そのまま食べたり、柿なますをつくったりします。2024年は猛暑だったせいか、柿が不作だったそう。

紅玉でつくったりんごジャムは、ほどよい酸味があとをひく味。りんご1kgで、写真の大瓶と小瓶がつくれます。

たらすとおいしいですよ」

ジャムは朝食のパンやスコーンにつけるのはもちろん、料理のソースにも使います。「塩、こしょうして焼いた豚肉に、肉汁でのばしたマーマレードのソースをかけると絶品！」。ほかにも、アイスクリームやヨーグルトにかけたり、クラッカーにクリームチーズと一緒にのせたり。**季節のジャムがあるだけで、食生活が豊かになります**。

信田さんのご自宅に初めておじゃました日、昼食に出してくれたみょうがの漬物がおいしく、自家製だと教えてくれました。ほかにも、道の駅で見つけた旬の野菜をさっと漬け汁に漬け、即席のピクルスにして楽しむことがあるそうです。

夏のしば漬けやしそジュース、冬のゆずみそや柿なます……。四季折々の野菜を使った料理が、食卓に季節を運びます。

りんごジャムのつくり方

P79

＼できあがり／

材料（りんご1kg分）

・りんご（紅玉）：1kg
・きび砂糖：300g
・レモン汁：1個分
・ウイスキー
（またはラム酒、ブランデー）：適量

つくり方

①りんごは皮をむいて8等分にし、芯を取り除いて約5mm幅のいちょう切りにします。

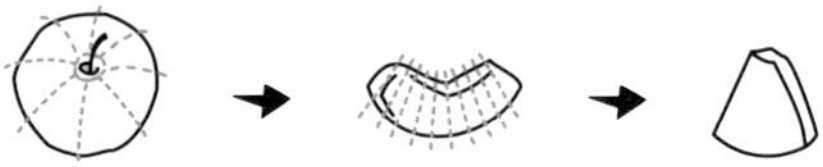

②鍋に①、きび砂糖、レモン汁1/2個分を入れて中火にかけ、木ベラで混ぜながら15～20分煮ます。

③りんごがとろとろになったら、残りのレモン汁とウイスキーを加えて、さらに煮ます。木ベラで鍋肌に寄せ、ゆっくりと鍋底に戻るくらいになったら火を止めます（ゆるめでOK）。

④ジャムが温かいうちに、煮沸消毒した耐熱瓶に詰め、冷蔵庫で保存します。

第4章
「70代の今」を心地よく

生きがい、健康、お金、将来のこと………。自由気ままなひとり暮らしにも、不安はつきものです。信田さんも「不安がないわけじゃないけれど」と言いつつ「でも」と続けます。「目の前の暮らしを充実させることのほうが大事だと思います」

50歳を過ぎたら、服は〝うぬぼれ〟で選ぶ

「『お若いですね』と言われて嬉しい？　若いったってねぇ〜、たかが知れています。首のシワを隠したり、顔のシミを消したり……。私はそこまでして若く見せたいとは思いません。**シワもシミも一生懸命生きてきた証。隠すのはこれまでの人生を否定するようでイヤです。**若く見えたって、必ずしも魅力的ってわけじゃないでしょ」

シワやシミは隠すことばかり考えていたので、ドキッとしました。信田さん、続けて言います。「**誰も、人の細部なんて見ていないもの。大切なのは、全体的な雰囲気。**シミやシワがあっても、気品があって素敵な人っていますよ」

これまで積み重ねてきた経験や知性が自信を生み、風格のある態度やはつらつとした表情になり、その人の雰囲気をつくるそう。隠すのではなく〝私は私〟と堂々としていること。人と比較しないこと。他人目線を気にしなくなると、ファッションやメイクはもっと楽しくなると言います。

「50歳を過ぎたら、もうひとりの素敵な自分を探してみて！」と信田さん。

「着たことのないきれいな色を試すとか、肌を大胆に出してみるとか。『私これ、好きなんだけど』という服を着て、ちょっと外へ。ショーウィンドウを鏡にして、思いきりうぬぼれましょ」

「『そうはいっても、私センスがないから……』なんて言わないで。10代の頃ってセンスより着たい服を着たでしょ。あれと同じ。少し違うとしたら、50歳を過ぎて豊かな経験が育っているってこと。自分を信じてレッツチャレンジです」

ジャケットもパンツも自作。軽くて暖かい上質なウールガーゼのジャケットは、春先まで重宝しそう。ブルーを効果的に取り入れて、明るい印象に。

上／右がウールガーゼで左がリネン。「50歳を過ぎたら、デザインはシンプルでもいいけれど、生地は上質なものを」

左／服、小物、着こなし……。好みのファッションを集めた「ピンタレスト」は、目学問にもってこい。

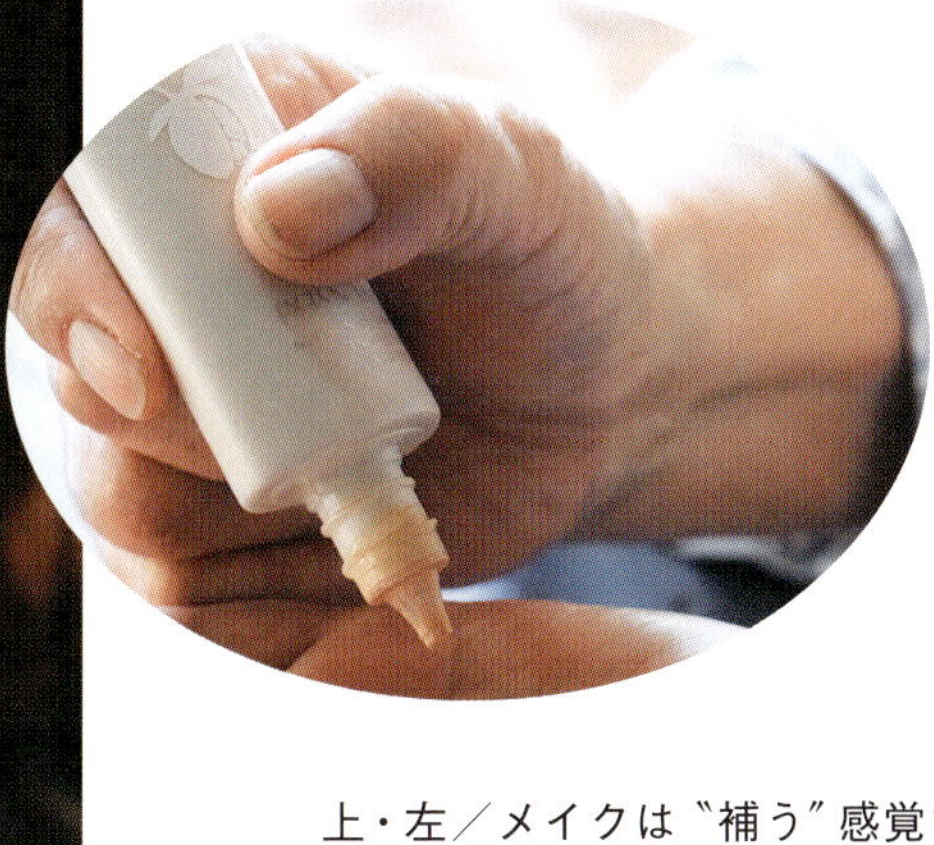

上・左／メイクは〝補う〟感覚で。ファンデーションは通販生活で見つけた『潤皙肌®-じゅんせきはだ-』、化粧水や乳液は無印良品。バランスよく食べ、朗らかに歩き、よく眠ることを心がけているそう。

長生きのための健康法、じゃなくて

「お庭仕事で腰が痛かったり、鍋を振ると腕が疲れたり。歳を重ねるごとにしんどいことは出てきます。**でも、〝今ここ〟が出発点。若さや長寿って、その先に待っている気がするんです**」


そんな信田さんが日々の暮らしで大事にしているのが、食事と運動。

「食事はおいしく食べないと、栄養にならないんじゃないかしら？　そのために、間食は少しだけ。適当にお腹をすかせています。夕食は軽めにし、朝食と昼食をしっかりとります」

「おいしそう！」に見えるものは、五色（赤、緑、黄、黒、白）が揃っていて、自然とバランスがとれていると言います。五色とは、たとえば赤は肉、緑は野菜。「ん？　なんか寂しいゾ。最近、黒いものを食べていないなと思ったら、ひじきの煮物をつくるなど、ラフでいいから続ける工夫をしています」

もうひとつの運動は、車社会で歩く機会が少なくなりがちなので、意識して散歩に出るそう。「歩くことが目的になると続かないので、散歩の〝お土産〟を探しに出かけるつもりで」。また、この春からは歩く力をつけるための筋力づくりも始めました。スクワット30回、かかと落とし（つま先立ち）を30回。それから、腹筋や臀筋を鍛える運動も（P92〜93やり方参照）。

「お金があっても絶世の美女でも、悩みや不安はきっとありますよ。**なんの心配もないように見える人でも、じつは何かしらの不自由と伴走しているものです**。自分をだましたり、励ましたり、ときには甘やかしたりしててね。だから、病気や老いとも、上手につき合う方法をみんなで分かち合いましょ！　という気持ちでいます」

好きで常備している乾物や缶詰には、黒、白、赤い色の食品が揃っていました。

五色のうち緑は、おもに野菜で補給。かぶや大根の葉も、ゆでて使います。野菜は旬のものが揃う、道の駅で調達することが多いそう。

腹筋を鍛える〝へそのぞき〟運動中の信田さん。筋トレは昼食後ひと休みしてから行います。ベンチの座面用の敷物をマットに。

腹筋運動のやり方

へそのぞき

① 仰向けに寝て、両膝を立てます。両手は体の脇に伸ばして。

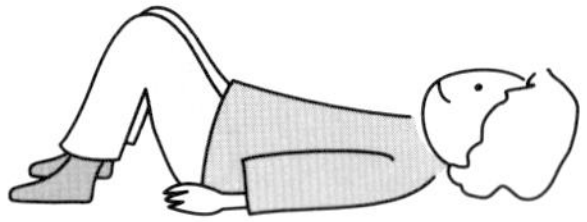

② 両手を太腿の上にすべらし、両膝まで伸ばします。おへそをのぞくように、頭をゆっくりと持ち上げ、両肩が床から離れるところまで上体を起こします。

③ 両手の先が両膝についたら、ゆっくりと上体を倒し、頭を床につけます。①〜③を10回。

脚上げ

① 仰向けに寝て左膝を立て、右脚をまっすぐ伸ばします。両手は体の脇に伸ばして。

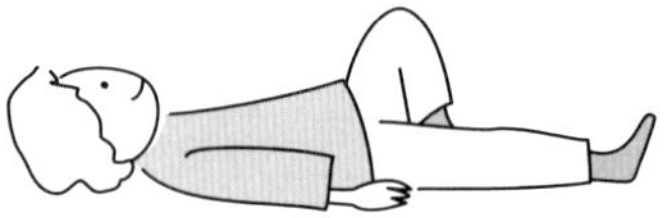

② 右脚を振り上げてゆっくりと下ろし、床から10cm程度の高さでしばらく止めます。腹筋が効いているのを感じたら、床に下ろします。これを10回。

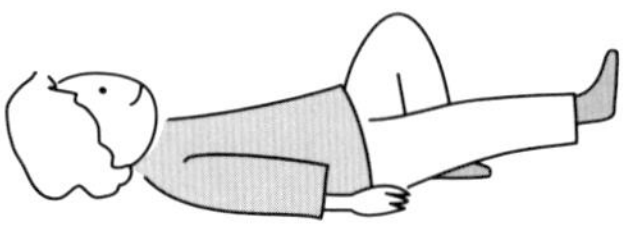

③ 足を入れ替えて、左脚も同様に行います。これを10回。

臀筋運動のやり方

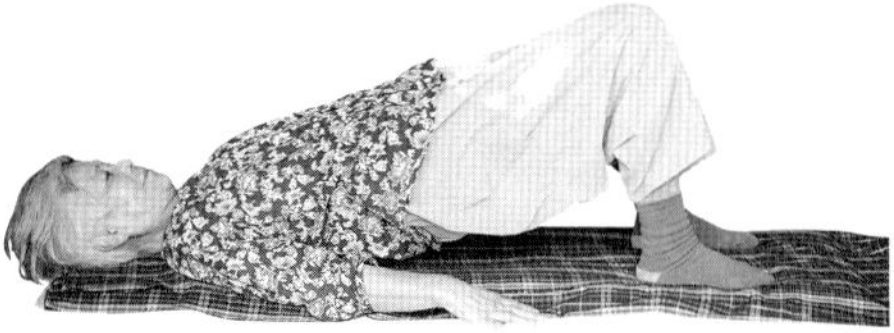

お尻上げ

① 仰向けに寝て、両膝を立て、両手を体の脇に伸ばします。

② 両足の裏で床を押し、足側から順にお尻を持ち上げます。お尻をぎゅっと締めて3秒キープ。

③ 頭側から順にお尻をゆっくりと下ろします。①～③を10回。

膝開き

① 右向きに寝て、右手を伸ばし、頭をのせます。両膝を揃えてかるく曲げ、体の少し前に突き出します。

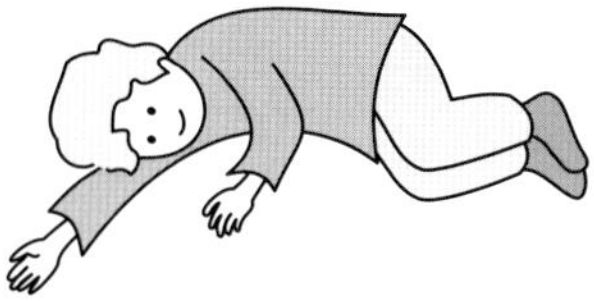

② 左右のかかとを合わせたまま、左足をゆっくりと持ち上げ、膝と膝を開きます。これを30回。

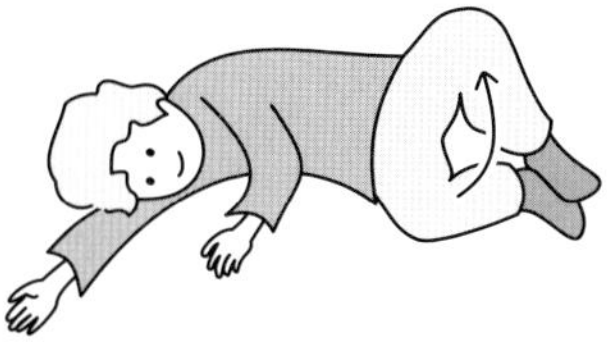

③ 左向きに寝て、右足を持ち上げて膝を開きます。これを30回。

★運動のやり方は個人の見解によるものです。安全性に十分留意して行ってください。

もともと保護猫だったネルちゃん。家にやってきたとき、知人がつけてくれた名前だそう。穏やかで我慢強い性格。

辛いときはもうひとりの自分に甘える

60代に入り、人間関係や結婚生活で悩む時期があったという信田さん。自分を嫌いになって人と本音で話せなくなり、ただひたすらひとりになりたかったそうです。ふだんは開けっぴろげな性格でよく笑うという信田さんですが、「あの頃は、いつもいつも辛かった」と言います。

「今から思うと当時の私は、自分に

自然のささいな営みに顔がほころぶことも。信田さんは言います。「いいこと50、悪いこと50。だったら、いいことを考えてみませんか?」

とても厳しかったんです。何をしても『失敗は許されないよ』と身構えていました。いろんなことが重なって、自分に厳しくしていないと総崩れしてしまいそうでした」

自己否定感とカフェ経営の重責が重なって、一時は鬱状態に。「体も限界だったし、15年続けたカフェを閉めることにしたんです」

そうして、しばらく凪のような穏やかな日々を過ごすうち、信田さんは疲れた心と体を癒やす方法を見つけたと言います。それは、**自分の心に超甘々のもうひとりの自分を住まわせるというもの。**

「心の中に、いや耳の中かな？　これが、ものすごく効いたんです。理屈抜きで甘やかしてくれる〝ヒト〟がいるというだけで、すごく安心できたし、自分を認められるようになりました」

「複雑な事情は、人に話せないし、うまく説明できないもの。でも、もうひとりの私なら、私のことをよくわかってくれている。『いいよ、いいよ』と自分を慰めているうちに、徐々にメンタルが切り替わり、元の私らしい私に戻っていったんです。これは大きな発見でした」

しんどいときに、もうひとつ心がけているのは、嘘でも笑うこと。

「鏡に向かって、いちばんいい顔で笑うんです。最初はコツがつかめないので『こんなものかな？』で大丈夫。鏡を家のあちこちに置いて、そのときいちばんいい顔をして、『おはよう』と言ったり、『おやすみ』と言ったり」

「**嘘でも幸せそうな顔をする自分を見ると、不思議と元気になれます**。すると、今の自分を好きになり、自分を肯定できるように。人とも話せるようになり、やがてつながりが生まれます」

家計簿は現状の把握と、将来の参考になると思って始めました。食費、光熱費、医療費、ガソリン代etc.パンやコーヒーはおいしいものを。

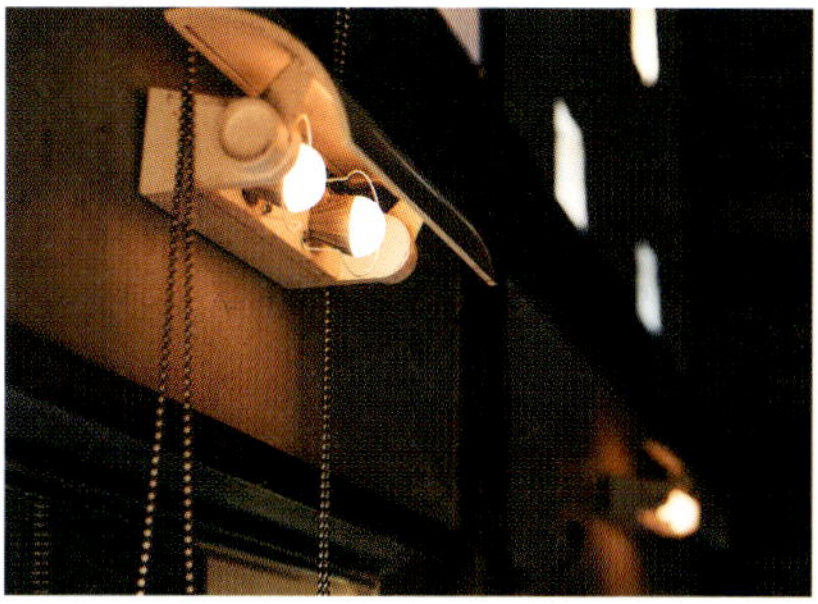

上／自室のテーブルにあるライト台は、信田さんの手づくり。左上／取りつけた照明は、なるべくLED電球に。左／冷蔵庫は138ℓの小型。電子レンジも単機能のもの。いたるところにエコが生きています。

お金は少し足りないくらいがちょうどいい

69歳でカフェを閉じ、今後の暮らし方についてつらつらと考えていたときのこと。

世間では老後2000万円問題が騒がれていましたが、「煽られる感じが不愉快でしたね。**足元をみつめて一日一日を納得して生きていればなんとかなる**」と焦らなかったと言います。

「その後、ひとり暮らしが始まり、私はいったいひと月いくらぐらいで生活しているんだろう？　と疑問に。そこで、**せめてランニングコストを把握しておこうと、家計簿をつけ始めました。お金の見える化です。**すると、節約の余地があることに気づいたのです」

早速、光熱費を見直します。たとえば、あちこちにつけている照明は、白熱電球からＬＥＤ電球に交換。消費電力が低いため、初期投資はかかりますが、長い目で見るとローコストです。

冷蔵庫もファミリータイプから１人用の小さなものに。下が冷凍室、上が冷蔵室のシンプルなつくりで、かえって使い勝手がよくなったと言います。電子レンジは故障をきっかけに手放そうと考えたそうですが、肉や魚の解凍に不便なため、単機能タイプを新調しました。

次に見直したのは、車の維持費です。燃費が悪く、自動車税の高い外国車から国産の軽自動車に乗り換えました。こちらも小回りがきいて、運転がラクに。

「キッチン家電も自動車も、身の丈に合うサイズや機能は扱いやすく、暮らしが快適になったのは驚きでした」

「益子は陶芸の町。私の夫も陶芸家でした。結婚当時、生活はラクではなかったけれど、〝お金をかけない豊かな暮らし方〟をたくさん学びました。板と角材があればテーブルや本棚、頑張ればベッドだってつくれます。そこには助け合いが生まれ、よい仲間もたくさんできます」

「経験上、思うのです。**お金はありすぎても、なさすぎても、人は荒廃します。〝ちょっと足りない〟くらいがちょうどいいのかな、と**」

好きなことを見つけると友達がついてくる

「友達、多いほうがいいですか？　私は会いたいときに会える友達が2、3人いればいい」

「私は、**ひとりはかわいそう、とは思いません。人間関係も無理してつき合うようなら、ひとりでいるほうが快適。**むしろ、孤独を選べる自由に感謝しています。〝孤独を癒やして〟とよく使うけれど、ひとりってそんなにネガティブなことですか？　ひとりになってみると、案外いいこともたくさんありますよ」

今はそう語る信田さんですが、カフェを辞めてひとり住まいを始めた当

コーヒーを飲んだり、タブレットで音楽を聴いたり。長い時間を過ごす自室のテーブル脇には、友人からの御礼状などが貼ってあります。

初は、ふっと寂しさが湧いてくることがあったと言います。「人間は社会的な動物なので、人の役に立ちたいという気持ちが、どこかにあったんだと思います」

そんなとき、友人からもらったミシンで洋服づくりを始め、楽しんでいたら、「私も欲しい！」「同じものをつくって」という声が上がり、今につながっていったと言います。

「もし、寂しいという感情が湧いてきたら、その気持ちにフタをせず、正直であろうとする」という信田さん。

「〝寂しい〟って、たぶん退屈だったんでしょうね。私の場合はそのタイミングで見つけたのが洋服づくり。絵手紙を書くのでも、ボランティアでも、好きなことを見つけて没頭する。**儲けを度外視して一生懸命やる。すると、必ず見ている人がいて、社会とつながっていきます**」

家族とは互いを思いやる
距離感を

信田さんにはふたりのお子さんがいらっしゃいます。長男はグラフィックデザイナー。取材日に母を気にしてか、ひょっこり顔をのぞかせる長女は美容師さんとか。子育てについてお話を伺いたくなりました。

「子どもの頃はなかなか学校になじめない時期もありました。でも私、困ってはいたけれど、一度もダメな子とは思えなかったんです。だって、ちゃんとご飯を食べさせたし（笑）、私なりに精一杯愛したから。ただ子どもは親を見て育つという実感はあったので、『私は正しく生きているか？』と、常に自問自答していました」

ふたりとも早くして親元を離れ、今は職に就いて社会人に。現在、家族は別々に暮らしていますが、お子さんたちは1~2カ月に一度家に帰ってきて、食事を共にするそうです。長男がタブレットの設定をしたり、長女が信田さんの髪をカットしたり。「何かしら、私の役に立とうと思って帰ってきてくれる。そのことが嬉しいんです」

信田さんは今77歳。同じ年頃にはお子さんと同居する人もいますが、信田さんは別居派だそう。

「たとえば、誕生日にLINEで『おめでとう』と送り合うなど、それぞれを思いやりながら、自分が心地いいと思う暮らしを続けていく。一緒に暮らすといいこともあるでしょうけど、互いの生活を犠牲にすることだって出てくるでしょう。**私、人の幸せを奪いながら生きるのはイヤ。今の私にはちょっと寂しいこの感じがちょうどいいんです。**いろんな人にやさしくなれる気がするから」

自室の机の前に、お子さんが幼い頃の写真を飾っています。ガラスのオブジェの内側には長男の写真を。隣の人形は信田さんの作品。

長男が中学生の頃着ていたロンT。信田さんがダーニング（針と糸で衣類を修繕する方法）して遊んでいるそう。

77歳、将来の不安より今楽しむことを

巷では人生の終い方を指南する本が溢れています。70代や80代はもちろん、50代まで！　信田さんは、終活についてどう考えているのでしょうか。

「人生１００年時代と言われていますが、70歳過ぎればわかっているのは、いつか死ぬってことだけ。**終い方に心を砕くより、日々を悔いなく生きるほうが先ですよ。**お金持ちには、別の苦労もあるでしょうけど」

もともとものをつくることが好きだった信田さん。40代の頃たまたまつくった人形が友人のギャラリーオーナーの目に留まり、請われるままに個展を開いたら大盛況。

69歳で仕事を辞めて、今度は洋服をつくったら、これまた好評。どちらも売れることは二の次。好きで一生懸命つくった結果、それを応援してくれる人が現れたのです。

「今の積み重ねが将来につながっていくので、今を楽しもうと考えています。将来への不安から老後のプランを持つのもいいですが、それを気にしていたら今を楽しめません。**不安の先には不安しか生まれませんが、楽しみの先には次の人生が拓けます**」

「私の死ですか？　この家でこの空気を感じながら死ねたら、それで十分。先のことなんて、誰にもわからないもの。わからないことについては私、考えない主義なんです」

信田さんらしい言葉が、返ってきました。

家の裏には木々が生い茂り、森の
中にいる気持ちよさがあります。
外壁の採光窓が印象的な家は、信
田さん自らが図面を引いたそう。

信《のぶ》田《た》良《よし》枝《え》さん

1947年東京都生まれ。益子焼で有名な栃木県益子町在住。26歳で結婚し、33歳で益子に移住。一男一女を授かる。陶芸家の夫を支えながら、子どもたちを育てあげた後、55歳でカフェ「ごはん屋ギャラリー『猫車』」をオープン。素敵な器とおいしい料理、癒やしの空間で人気店に。69歳でカフェを閉め、70歳でひとり暮らしを開始。自分のためにつくった服が評判を呼び、年数回、自宅で個展を開いている。
https://www.instagram.com/minnano_coromo

編集　浅沼亭子
撮影　林 ひろし
デザイン　桑野 桂（株式会社ニマユマ）
取材協力　kuchinashi*
イラスト　重 志保
校閲　滄流社
編集担当　小柳良子

77歳365日の紡ぎ方

編　者　主婦と生活社
編集人　石田由美
発行人　殿塚郁夫
発行所　株式会社主婦と生活社
〒104-8357 東京都中央区京橋3-5-7
https://www.shufu.co.jp
編集部 ☎ 03-3563-5361　Fax. 03-3563-0528
販売部 ☎ 03-3563-5121　生産部 ☎ 03-3563-5125
製版所　東京カラーフォト・プロセス株式会社
印刷所　大日本印刷株式会社
製本所　小泉製本株式会社

ISBN978-4-391-16396-4